90612161R00093

Made in the USA
San Bernardino, CA
12 October 2018